Inhaltsverzeichnis

Die Geschichte der künstlichen Intelligenz 2

Wie intelligent ist Künstliche Intelligenz? 4

Was ist „künstliche Intelligenz"? 5

VORTEILE VON KÜNSTLICHER INTELLIGENZ IM BEREICH ROBOTING 7

1. DER KOSTENFAKTOR 7

2. PRÄZISION 8

3. STÄRKE 8

4. VARIATION 8

5. SICHERHEIT 8

6. KEIN EIGENER WILLE 8

7. ENDLOSE ARBEITSKRAFT 9

WEITERE VORTEILE: 9

8. EFFIZIENTES GESUNDHEITSWESEN 9

9. ENDE DER BÜROKRATIE 9

10. AUTONOMES FAHREN 9

Praktische Anwendungen für Künstliche Intelligenz – heute und morgen 10

Gesichtserkennung & Co. 10

Chatbots und digitale Assistenten 11

Selbstfahrende Autos und Fahrassistenten 13

Erkennen von Zusammenhängen in Medizin, Forschung und andernorts
....14

Methoden künstlicher Intelligenz 15

Kern eines KI-Systems ist ein Modell 17

Symbolisches und sub-symbolisches System 18

Anwendungsfälle für KI-Systeme 20

Aus der richtigen Kombination entsteht die richtige Lösung 22

Die Auswirkungen der künstlichen Intelligenz auf die Arbeitswelt 24

Wie beurteilen Sie die Situation? 25

Was raten Sie den Unternehmen?...26

KI im Gesundheitswesen: mit Datenschutz zum Ziel? 28

Der Anwendungsbereich von KI im Gesundheitswesen 29

Die Kernfrage: Die Vereinbarkeit von KI und Datenschutz im
Gesundheitswesen...30

KI und Betroffenenrechte: Pseudonymisierung nutzen! 33

Datenschutz-Folgenabschätzung: VVT´s nutzen!................................34

Fazit: KI im Gesundheitswesen – mit Datenschutz zum Ziel!.................35

Die Geschichte der künstlichen Intelligenz

Der Begriff „künstliche Intelligenz" wurde bereits 1956 geprägt, doch erst heute gewinnt die KI dank größerer Datenmengen, hoch entwickelter Algorithmen und Verbesserungen bei Rechenleistung und Datenspeicherung an Bedeutung.

In den 1950er Jahren beschäftigte sich die frühe Forschung zur KI mit Themen wie Problemlösung und symbolischen Methoden. In den 1960er Jahren begann das US-Verteidigungsministerium, sich für diese Arbeiten zu interessieren und Computer darauf zu trainieren, grundlegende menschliche Denkleistungen nachzuahmen. Die Defense Advanced Research Projects Agency (DARPA) führte in den 1970er Jahren beispielsweise Straßenkartierungsprojekte durch und schuf 2003 intelligente persönliche Assistenten, lange bevor Siri, Alexa oder Cortana in aller Munde waren.

Diese frühen Arbeiten ebneten den Weg für die Automatisierungs- und formalen Denkleistungen der Computer von heute, wie beispielsweise in Form entscheidungsunterstützender Systeme und intelligenter

Suchsysteme, mit denen sich menschliche Fähigkeiten ergänzen und erweitern lassen.

Hollywood-Filme und Science-Fiction-Romane mögen beschreiben, wie künstliche Intelligenz in Form menschenähnlicher Roboter die Weltherrschaft übernimmt. Tatsächlich sind aktuelle KI-Technologien aber weder so furchteinflößend – noch so intelligent. Stattdessen zeichnet sich die KI durch viele spezifische Vorteile in allen Branchen aus. Lesen Sie weiter und informieren Sie sich über richtungsweisende Beispiele für künstliche Intelligenz in Gesundheitswesen, Einzelhandel und weiteren Branchen.

Die Neurowissenschaften machen regelmäßig Schlagzeilen mit der Erforschung des menschlichen Gehirns. Ihre Fortschritte provozieren eine Frage, an die sowohl Hoffnungen als auch Bedenken geknüpft sind: Wird es eines Tages möglich sein, das Gehirn technisch vollständig nachzubilden? Schon heute übertreffen Computer mit ihren Rechenleistungen die Vorstellungskraft, doch das menschliche Gehirn ist ihnen in seiner Komplexität noch immer in vielen Bereichen überlegen. Wird sich dies bald ändern?

Diese Fragen berühren das Forschungsgebiet der künstlichen Intelligenz (KI; engl. artificial intelligence, AI). In der KI-Forschung versucht man, mit den Mitteln der Informatik, Neurologie, Psychologie und Linguistik das Gehirn und seine Funktionen technisch nachzubilden. Die Ansätze der KI-Forschung verraten dabei auch stets etwas über unsere Vorstellung von uns als Mensch und über unser Verständnis von „Intelligenz".

Eine künstliche Intelligenz, die über einen eigenen Willen verfügt und autonom handelt, ist noch immer Fiktion. Doch in vielen Lebensbereichen spielt die visionäre Technik bereits eine zentrale Rolle, ohne dass sie immer bemerkbar wäre. Was künstliche Intelligenz genau ist und wie sie eingesetzt wird, wissen viele gar nicht. Ärzte nutzen sie für Diagnosen und Behandlungspläne, Marktprognosen sind dank KI aussagekräftiger und die Suchalgorithmen von Google werden mit ihrer Hilfe immer dynamischer. Hinter jedem digitalen Assistenten wie Cortana oder Siri steckt KI-Technologie, Autos lernen durch sie eigenständiges Fahren und Computer helfen bei der Auswahl neuer Mitarbeiter. In den USA werden bereits juristische Schriftsätze mithilfe von artificial intelligence erstellt. So hat die Forschung in den letzten Jahrzehnten für zahlreiche Teilgebiete Großes geleistet.

Das Internet, speziell die Suchmaschinen und damit auch das Onlinemarketing sind von den rasanten Neuerungen ebenfalls betroffen.

Wie intelligent ist Künstliche Intelligenz?

Das Forschungsgebiet "Künstliche Intelligenz" (KI) versucht, menschliche Wahrnehmung und menschliches Handeln durch Maschinen nachzubilden. Was einmal als Wissenschaft der Computer-Programmierung begann, hat sich mehr und mehr zur Erforschung des menschlichen Denkens entwickelt.

Denn nach Jahrzehnten der Forschung hat man die Unmöglichkeit erkannt, eine "denkende" Maschine zu erschaffen, ohne zuvor das menschliche Denken selbst erforscht und verstanden zu haben. Deshalb gibt es zum Teil große Überschneidungen zwischen KI-Forschung und Neurologie beziehungsweise Psychologie.

Bis heute ist es nicht einmal annähernd gelungen, menschliche Verstandesleistungen als Ganzes mit Maschinen nachzuvollziehen. Ein großes Hindernis ist die Sprachverarbeitung. Auch die Durchführung einfachster Befehle ist für eine Maschine ein hoch komplexer Vorgang.

Inzwischen konzentriert sich die Forschung deshalb zunehmend auf einzelne Teilbereiche, unter anderem mit dem Ziel, dort Arbeitserleichterungen zu schaffen. Dazu ist ein ständiger Austausch zwischen Wissenschaftlern verschiedenster Disziplinen (Kognitionswissenschaft, Psychologie, Neurologie, Philosophie und Sprachwissenschaft) notwendig.

Was ist „künstliche Intelligenz"?

Eine allgemeine Definition lautet: Künstliche Intelligenz ist ein Teilgebiet der Informatik, das zum Ziel hat, ein technisches Äquivalent zur menschlichen Intelligenz zu schaffen. An diesem Leitziel arbeiten Informatiker gemeinsam mit Experten aus vielen weiteren Wissensgebieten. Doch was „Intelligenz" ausmacht und auf welchem Wege man sie technisch nachbildet – dazu gibt es viele Theorien und methodische Ansätze.

Eine genauere Definition von artificial intelligence ist wegen des komplexen Begriffs der Intelligenz kaum möglich. Welche Fähigkeiten zur Intelligenz zählen, ist schon beim Menschen umstritten – bei einer Maschine umso mehr. Soll die Maschine vor allem auf Rationalität optimiert werden? Oder gehören auch andere menschliche Eigenschaften wie Intentionalität, Intuition und Lernfähigkeit dazu? Möglicherweise spielen auch soziale Kompetenzen, Empathie oder Verantwortungsgefühl eine Rolle. Die Frage ist also: Soll die Technologie vorwiegend rationale Fähigkeiten oder künstliches Menschsein erzeugen?

Unterschiede gibt es auch bezüglich der „Ähnlichkeitsbeziehung" zum Menschen: Soll die Maschine genauso aufgebaut sein wie ein menschliches Gehirn? Dieser Simulationsansatz strebt nach einer exakten Nachbildung von Gehirnfunktionen. Oder soll die Maschine nur wirken wie ein Mensch, ihm also lediglich im Endergebnis ähneln? Diesem phänomenologischen Ansatz geht es ausschließlich darum, was Menschen von der künstlichen Intelligenz mitbekommen – egal, welcher auslösende technische Prozess dahintersteckt.

Eine Definition von künstlicher Intelligenz fiel schon immer schwer. Im Jahr 1950 entwickelte der Mathematiker Alan Turing einen Test, mit dem KI messbar werden sollte: Der „Turing-Test" ermittelt durch eine Reihe von Fragen, ob eine Maschine noch als solche erkennbar ist. Sind die Antworten eines Computers von denen eines Menschen nicht mehr zu unterschieden, so ist der Computer „künstlich intelligent". Doch hilft diese Definition der aktuellen KI-Technik wenig weiter, denn heute wird künstliche Intelligenz vor allem für technische Aufgabengebiete entwickelt. Dabei geht weniger darum, dass die KI menschliche Kommunikation beherrscht, sondern darum, dass sie hochspezialisierte Aufgaben effizient ausführt. Für diese Technologien verwendet man den eingeschränkten Turing-Test: Verfügt ein technisches System in einem Teilgebiet über die gleichen Fähigkeiten wie ein Mensch – etwa bei einer medizinischen Diagnose oder einem Schachspiel –, so spricht man von einem künstlich intelligenten System. Es gibt dementsprechend zwei

Definitionen von künstlicher Intelligenz: eine „starke" und eine „schwache".

VORTEILE VON KÜNSTLICHER INTELLIGENZ IM BEREICH ROBOTING

Die neue Technik bietet einen ersten Anhaltspunkt, welche Rolle KI einnehmen wird, um dem Menschen ein effektiveres Arbeiten zu ermöglichen. Daraus ergeben sich zehn Vorteile für Unternehmen — aber auch für das Privatleben der Menschen.

1. DER KOSTENFAKTOR

Die Implementierung und Einstellung von Robotern spart enorme Kosten. Roboter sind günstiger als menschliche Arbeitskräfte und senken somit die Ausgabekosten für Personal von Unternehmen. Wenn auch in der Produktion durch den Einsatz von Robotern Arbeitsplätze wegfallen, so werden in vielen anderen Bereichen neue Arbeitsplätze geschaffen.

2. PRÄZISION

Im Vergleich zum Menschen, ist es Robotern möglich, viel präziser zu arbeiten. Dies liegt darin begründet, dass sie über eine ganz andere Feinmotorik verfügen und zum Beispiel nicht zittern. Zudem verfügen sie über eine Vielzahl von beweglichen Teilen, die Aufgaben mit höchster Genauigkeit erfüllen können.

3. STÄRKE

Menschen habe nur ein beschränktes Kräftereservoire, welches der Erledigung von körperlichen Tätigkeiten ein natürliches Limit setzt. Roboter, im Vergleich, sind viel Stärker und können auch für den Menschen körperlich nicht durchführbare Aufgaben erledigen.

4. VARIATION

Roboter können in verschiedenen Formen, Größen und Ausführungen gebaut werden, während der menschliche Körper von der Grundstruktur immer gleich bleibt. So können Roboter nach individuellem Bedarf und Anforderungen an die jeweiligen Aufgaben gebaut werden.

5. SICHERHEIT

Im Vergleich zum Menschen können Roboter vielen für uns Menschen gefährlichen Umweltbedingungen trotzden, ohne dabei Schaden zu nehmen. Außerdem können diese auch unter extremer Hitze oder unter Wasser eingesetzt werden und trotzdem effiziente Ergebnisse abliefern.

6. KEIN EIGENER WILLE

Ein wichtiger Punkt und zugleich Vorteil: Roboter können uns Menschen nicht ersetzen. Die künstliche Intelligenz ist stets auf die Programmierung durch den Menschen angewiesen und hört nur auf dessen Befehle. Denn:

Ein Roboter kann Befehle nicht ignorieren, da er nur zu deren Ausführung existiert und entsprechend programmiert ist.

7. ENDLOSE ARBEITSKRAFT

Es gehört zum natürlichen Biorhythmus des Menschen, dass dieser nach einiger Zeit Müde wird und seine Ressourcen neu aufladen muss. Roboter dagegen können 24/7 an ihren Aufgaben arbeiten, ohne dabei müde zu werden oder kognitive Fähigkeiten einzubüßen.

WEITERE VORTEILE:

8. EFFIZIENTES GESUNDHEITSWESEN

Eine der Branchen, die vielfach von künstlicher Intelligenz profitieren wird ist zum Beispiel das Gesundheitswesen. Hier erhofft man sich durch den Einsatz von KI zum Beispiel schneller Diagnosen stellen zu können. Darüber hinaus werden einfache Verwaltungsaufgaben von den Robotern übernommen. Dies ermöglicht eine Optimierung der Prozesse im Gesundheitswesen.

9. ENDE DER BÜROKRATIE

Auch in Behörden kann der Einsatz von KI für einen echten Effizienz-Boost sorgen. Anträge können schneller bearbeitet werden und somit reduziert sich die Wartezeit für die Bürger. So kann die Bürokratie abgebaut werden und Behördengänge werden effizienter.

10. AUTONOMES FAHREN

Auch das autonome Fahren, sprich das Fahren, ohne selbst das Fahrzeug führen zu müssen, wird durch KI begünstigt. Derzeit sieht man es am Beispiel von führerlosen U-Bahnen, die zum Beispiel in Städten wie Mailand schon eingesetzt werden.

Praktische Anwendungen für Künstliche Intelligenz – heute und morgen

Gesichtserkennung & Co.

Es gibt etliche Beispiele für künstliche Intelligenz, die heute wohl von vielen nicht mehr als solche wahrgenommen würden. Dazu gehört beispielsweise die Texterkennung. Vor einigen Jahren konnte man damit vielleicht noch Menschen beeindrucken. Heutzutage kennt man zugleich die Schwächen der bisherigen Systeme. Das gilt erst recht für die Erkennung von handschriftlichen Notizen.

Ins gleiche Feld gehört die Gesichtserkennung. Im ersten Schritt findet der Computer bspw. in Fotos oder einem Video die Gesichter. Uns als Menschen erscheint das banal, denn wir haben einen sehr wundersamen, effektiven Mechanismus dafür in unserem Gehirn. Im nächsten Schritt geht es darum, die Person selbst zu erkennen. Auch das erscheint uns simpel, ist es aber aus Sicht einer Software überhaupt nicht. Vor allem unterschiedliche Lichtverhältnisse, Gesichtsausdrücke, Sonnenbrillen,

Hüte, Bärte können so ein Programm oftmals noch sehr viel schneller aus dem Konzept bringen als einen Menschen.

Konkrete Anwendung finden solche Systeme beispielsweise bei Sicherheitskameras, die dann zwischen den regulären Bewohnern und einem Einbrecher unterscheiden können. Computer und Smartphones lassen sich bereits über das eigene Gesicht entsperren. Und in Zukunft könnten Automaten auch auf die Emotionen reagieren, die sich beim Nutzer erkennen lassen.

Im Bereich der Bilderkennung hat es in den letzten Jahren generell enorme Fortschritte gegeben. Neuere Systeme können dabei beispielsweise inzwischen mit einer gewissen Sicherheit erkennen, was auf einem Foto zu sehen ist und machen es damit durchsuchbar.

Chatbots und digitale Assistenten

Chatbots gibt es zwar schon lange, aber man würde sie wohl nicht unbedingt als „intelligent" bezeichnen. Frühe Vertreter konzentrierten sich auf bestimmte, wenige Signalwörter. Man konnte sie recht schnell aus der Fassung bringen. Heute soll das alles besser funktionieren, vor allem durch die Verknüpfung mit digitalen Daten.

In der Praxis ist das so gedacht: Anstatt eine Website oder eine App aufzurufen, können wir in einem Messenger unserer Wahl ein Hotelzimmer oder eine Pizza bestellen, die nächsten Zugverbindungen oder die Wettervorhersage abrufen sowie nach neuen Schuhen suchen.

Die Chatoberfläche ist in diesem Fall also eine neue Plattform, die uns die Eingabe und Ausgabe von Informationen auf eine andere Weise ermöglicht, die im Idealfall als einfacher oder natürlicher angesehen wird.

Inzwischen werden solche Chatbots außerdem mit Spracherkennung und Sprachausgabe kombiniert. Die Vision ist dabei der Computer aus „Star Trek", dem man wie einem Menschen Fragen stellen kann und der auch entsprechend antwortet. Wer dieses Feature einmal bei einem modernen Smartphone ausprobiert hat, wird wohl bestätigen können: Manche Aufgaben lassen sich auf diese Weise tatsächlich einfacher erledigen. Andere hingegen fallen zumindest heute noch auf den althergebrachten Wegen leichter. Wichtig ist hier vor allem die Zuverlässigkeit: Ein solches System muss die Befehle und Fragen sicher erkennen, um wirklich nützlich zu sein. Hier haben alle Anbieter in den letzten Jahren stark zugelegt und sie nähern sich dem Bereich an, in dem die Spracherkennung gut genug funktioniert, um alltäglich eingesetzt werden zu können.

Ein Vorteil der heutigen Systeme gegenüber frühen Chatbots ist dabei die Lernfähigkeit kombiniert mit einer enormen Datenmenge. Denn dank Internet und Smartphones interagieren wir so viel wie nie zuvor mit Computern. Unternehmen können ihre KI als Beta deklarieren und in die weite Welt entlassen. Im Idealfall lernt sie dann dazu und wird von allein immer besser.

Dabei ist ein weiteres Ziel, dass diese Chatbots zu einem digitalen Assistenten mutieren, der beispielsweise auch pro-aktiv Informationen bereit stellt. Auf Android geht Google Now in diese Richtung, Apple versucht Siri das ebenfalls beizubringen.

Momentan sind Chatbots ein heißes Thema. Alle wollen mitmischen, Microsoft sieht es gar als seine Zukunft an. Gut möglich, dass die Erwartungen hier momentan mal wieder viel zu hoch sind und die

Systeme in der Praxis doch erst einmal enttäuschen werden. Mittelfristig aber könnte dies ein sehr wichtiges Thema werden. Man denke hier auch an Amazons Sprachassistenten Alexa, den das Unternehmen gerade im smarten Lautsprecher „Echo" verpackt hat. Google hat mit „Home" ein sehr ähnliches Produkt angekündigt. Denn letztlich hat sich gezeigt: Vor allem zu Hause werden solche Assistenten genutzt.

Und da ist er dann wieder, der Star-Trek-Computer: Immer zuhörend, allwissend und hilfreich. Stellt sich nur noch die Frage, ob man Unternehmen wie Amazon, Google und Facebook wirklich immer zuhören lassen will. Aber das Thema Privatsphäre hatten wir ja gerade in einer eigenen Ausgabe behandelt. Sehr lesenswert ist da übrigens Michael Firnkes Beitrag zu Big Data.

Selbstfahrende Autos und Fahrassistenten

Die Schwierigkeiten des Forschungsfelds KI kann man beim Thema Auto recht gut sehen. Bestimmte Aufgaben erledigen heutzutage Fahrzeuge bereits ab Werk. So können Autos den Sicherheitsabstand zum Vordermann einhalten, in der Spur bleiben oder beim Einparken helfen. Das ist, was beispielsweise Teslas „Autopilot" derzeit kann. So mancher glaubt nun aber, dass er damit praktisch ein selbstfahrendes Auto habe und die Verantwortung bereits an die Elektronik abgeben könnte. Die Wahrheit ist weit davon entfernt. Während ein Auto mit einer gewissen Zuverlässigkeit Fahrbahnmarkierungen und Verkehrsschilder erkennen kann, verlangt autonomes Fahren ein viel höheres Maß an Intelligenz. Nicht jede Situation ist eindeutig. Manchmal kommt man nur mit Erfahrung und Intuition weiter.

Schneefall, eine Baustelle oder ein Verkehrspolizist auf einer Kreuzung: Es gibt etliche Situationen, in denen selbstfahrende Autos heute noch überfordert sind. Zudem hat sich in den bisherigen Versuchen gezeigt, dass sie oftmals nicht menschlich genug agieren und damit die Autofahrer aus Fleisch und Blut überraschen oder verwirren können.

Schwierig wird hier vor allem die Übergangszeit, in der maschinelle und menschliche Fahrer gleichzeitig auf den Straßen sind. Wären nur selbstfahrende Autos unterwegs, wäre die Situation mit einem Mal sehr viel einfacher zu handhaben. Schließlich könnten selbstfahrende Autos sogar untereinander kommunizieren und so den Verkehrsfluss automatisch selbst optimieren.

Erkennen von Zusammenhängen in Medizin, Forschung und andernorts

Eine bereits heute erkennbare Stärke von künstlicher Intelligenz im Vergleich zum Menschen ist die Analyse von großen Datenmengen. Computer können beispielsweise Ärzte bei Diagnosen unterstützen. Sie könnten potenziell aber auch sehr hilfreich sein, um Forschungsergebnisse miteinander zu verknüpfen und auf diese Weise neue Erkenntnisse ermöglichen.

Ein Beispiel dafür ist IBMs „Watson". Das System ist berühmt geworden, nachdem es zum Champion der Quizshow „Jeopardy" wurde. Das eigentliche Ziel des Projekts ist es aber u.a., natürliche Sprache zu verstehen und so abzulegen und miteinander zu verknüpfen, dass es wiederum Schlussfolgerungen daraus ziehen kann. Ein praktischer Anwendungsfall wird in der Medizin gesehen: Watson könnte bei der Diagnose unterstützen, in dem es die Notizen der Ärzte und die Testergebnisse eines Patienten analysiert. Außerdem könnte es alle weiteren Daten aus der Krankenakte des Patienten und denen seiner

Verwandten heranziehen und zugleich mit den Daten anderer Fälle vergleichen. Auf diese Weise könnte es den Kreis der möglichen Diagnosen eingrenzen.

Methoden künstlicher Intelligenz

Es gibt unterschiedliche Methoden, Künstliche Intelligenzen zu erzeugen:

Wissensbasierte Verfahren

Wahrscheinlichkeitsrechnung

Mustererkennung

Kognitive Verfahren (Cognitive Computing)

Neuronale Netzwerke kombiniert mit Machine Learning/ Deep Learning

Natural Language Processing

Der Experte für Künstliche Intelligenz, Peter Breuer, von der Unternehmensberatung McKinsey geht von folgenden Trends im Bereich der KI-Methodik aus:

Curiosity Learning: Maschinen werden die menschliche Neugierde imitieren, durch die sie aus eigenem Antrieb die Welt "erkunden".

LSTM Networks: LSTM steht für Long-Term Short-Term Memory, womit Netzwerke gemeint sind, die das menschliche Gedächtnis nachbilden, wodurch der Zugriff auf Erlerntes ermöglicht werden soll.

Bayesian Networks: Statt wie bei neuronalen Netzen Maschinen darauf zu trainieren, Muster durch die Fütterung mit Massendaten zu erkennen, werden bei Bayesian Networks die Frage nach dem "Warum" gestellt. Die Künstliche Intelligenz kann dadurch selbst Schlussfolgerungen ziehen. Damit sollen Vorhersagen genauer werden und Trefferquoten bei Wahrscheinlichkeits-Rechnungen erhöht werden.

Es gibt nicht die eine künstliche Intelligenz

Generell ist KI ein Teilgebiet der Informatik und beschäftigt sich mit der Abbildung "intelligenten" Verhaltens durch IT. Lange hat KI nicht den Sprung aus den Universitäten in die Unternehmen geschafft. Viele Erwartungen der frühen Jahre konnte die Technologie nicht erfüllen. Jetzt aber wendet sich das Blatt: Immer wieder berichten Medien über Durchbrüche, neue Einsatzgebiete und auch über neue Gefahrenpotenziale.

Drei Faktoren sind für den Siegeszug von KI verantwortlich: mehr Daten, billigere Speicherkapazitäten und eine ständig höhere Rechenleistung (beispielsweise durch NVIDIA-Grafikkarten-Farmen). Sie ermöglichen es Unternehmen, KI-Verfahren in immer komplexeren Konfigurationen einzusetzen.

Experten unterscheiden zwischen "starker KI", deren Ziel es ist, menschliche Intelligenz nachzuahmen, und "schwacher KI", die genutzt wird, um intelligente Entscheidungen für spezielle Teilbereiche zu treffen, etwa für die Automatisierung von Prozessen. Starke KI liegt außerhalb der aktuellen technischen Möglichkeiten.

Ungelöste fundamentale Probleme sorgen dafür, dass sie auf absehbare Zeit ein Gedankenspiel der Theoretiker bleibt - auch wenn die Berichterstattung teilweise anderes suggeriert. Schwache KI hingegen ist ein Ansatz, der heutzutage in vielen Anwendungen eine Rolle spielt. Im Folgenden wollen wir daher nur auf Aspekte der schwachen KI eingehen.

Kern eines KI-Systems ist ein Modell

Künstliche Intelligenz umfasst ein umfangreiches Set an Methoden, Verfahren und Technologien. Kern eines KI-Systems ist ein sogenanntes Modell, das für eine bestimmte Fragestellung modelliert ist - zum Beispiel um bei bestimmten Entscheidungen zu unterstützen oder Vorhersagen zu treffen.

Es gibt sowohl viele verschiedene Arten von Modellen als auch unterschiedliche Techniken dafür, Modelle zu erstellen. Welche zum Einsatz kommen, lässt sich am leichtesten anhand von konkreten Anwendungsfällen, sogenannten Use Cases, erläutern. Dazu später mehr.

Grundlegend lässt sich KI auf Basis der Repräsentation des Wissens in sogenannte symbolische und sub-symbolische Systeme unterteilen: In einem symbolischen System werden Regeln und Beziehungen für Konzepte angewendet, die für Menschen verständlich sind. Das heißt: Das Modell kann von Menschen gelesen und erfasst werden. Sub-symbolische Systeme hingegen sind für Menschen weitgehend Blackbox-Systeme, deren Inhalte nicht einfach zu verstehen sind.

Symbolisches und sub-symbolisches System

Folgendes Beispiel illustriert die unterschiedlichen Konzepte. Ziel ist es, in einer Gruppe von Menschen die Väter zu identifizieren. In einem symbolischen System stellen Experten die Regel auf, dass das Konzept "Vater" eine Spezialisierung des Konzepts "Person" darstellt; nämlich eine Person, die männlich ist und die mindestens eine Elternbeziehung zu einer anderen Person (seinem Kind) hat.

Wenn solche Regeln hinterlegt sind, kann das System Suchanfragen nach Vätern beantworten - und zwar selbst dann, wenn in den durchsuchten Daten die Eigenschaft "Vater" nicht angegeben ist, sondern nur Informationen darüber existieren, welche Beziehungen zwischen Personen bestehen und welches Geschlecht Personen haben.

In einem sub-symbolischen System hingegen könnten Experten für die gleiche Aufgabe eine sogenannte Support Vector Machine (SVM) einsetzen oder ein künstliches neuronales Netz (KNN) verwenden. Beides sind Verfahren, die Experten häufig und erfolgreich für die automatische Klassifikation (Einordnung) von Daten zu bestimmten Klassen nutzen. Auch diese Verfahren sind prinzipiell dazu geeignet, Personen als Väter und Nicht-Väter zu klassifizieren.

Dazu teilt die Support-Vector-Machine einen multi-dimensionalen Datenraum in Form einer Ebene - einer sogenannten Hyperplane - auf, die die Personengruppen der Väter und Nicht-Väter separiert. In einem vereinfachten Beispiel mit zwei Dimensionen bedeutet dies, das Punkte in einem Koordinatensystem die zu bewertenden Daten darstellen und die SVM durch diese Punkte eine Gerade ermittelt, die die Punkte in zwei Klassen (Vater/Nicht-Vater) trennt.

Das neuronale Netz löst die Klassifikation "Vater/Nicht-Vater" gänzlich anders, nämlich durch die Ableitung dieser Klassifikationen aus einer Menge vernetzter "Neuronen". Diese bilden verschiedene Datentransformationen ab. Die Neuronen sind jeweils zu Ebenen zusammengefasst, und Neuronen benachbarter Ebenen sind durch gewichtete Verbindungen miteinander verknüpft. So werden in das Netz eingegebene Daten durch die Neuronen der verschiedenen Ebenen verarbeitet, um schließlich die Klasse "Vater" oder "Nicht-Vater" zu aktivieren.

Schon diese Erklärungen verdeutlichen: Der Prozess und die Funktionsweise sub-symbolischer Systeme ist mit wenigen Worten nur schwer zu vermitteln.

In dem symbolischen System können Menschen die Funktionsweise der Entscheidungsfindung "Vater/Nicht-Vater" einfach nachvollziehen: Sie müssen nur die Regeln lesen und anwenden. Das System kann sogar die Entscheidung, warum eine Person ein Vater ist "erklären", in dem es darstellt wie welche Informationen zu der Entscheidung beigetragen haben.

Die Nachvollziehbarkeit der Entscheidung für ein sub-symbolisches System - im genannten Beispiel eine Support-Vector-Machine oder ein neuronales Netz -, ist kaum nachvollziehbar. Den Prozess zu verstehen, der zum Entstehen von Ebenen in multidimensionalen Räumen beziehungsweise zu Gewichtungen von Beziehung zwischen Neuronen geführt hat, ist hochgradig komplex.

Zurück zur unternehmerischen Praxis: Welches System sich eignet, ist vom Kontext der Anwendung und des Unternehmens abhängig. Wenn die Regularien es verlangen, dass Entscheidungen beispielsweise über Kreditzusagen oder die Genehmigung von Bauverfahren nachvollziehbar und transparent sein müssen, scheiden sub-symbolische Verfahren für Unternehmen oder Behörden aus. Sie bieten keine Möglichkeit, solche Erklärungen zu liefern.

Anwendungsfälle für KI-Systeme

Keine Intelligenz ohne Lernen beziehungsweise Modellierung - das gilt auch für die Künstliche Intelligenz. Beim sogenannten Machine Learning (ML) handelt es sich um die Fähigkeit, ein Modell auf Basis von Daten automatisiert zu erlernen (siehe auch den Beitrag: Was ist TensorFlow?).

Maschinelles Lernen gibt es in den Spielformen des überwachten, des unüberwachten und des verstärkenden Lernens (Reinforcement Learning):

Überwachtes Lernen bedeutet, dass Experten dem Verfahren für eine Trainingsdatenmenge jeweils vorgeben müssen, was die richtige Entscheidung ist. Da häufig große Trainingsmengen benötigt werden, um zu guten Ergebnissen zu kommen, ist der Aufwand dabei oft hoch.

Beim unüberwachten Lernen analysiert das System Daten hinsichtlich ihrer Ähnlichkeit beziehungsweise ihrer Distanz, ohne dass Experten Trainingsdaten eingeben. Ein Beispiel für unüberwachtes Lernen ist die Suche nach Klassen in einer Menge von Datenpunkten. In der Regel ist die einzige Eingabe beim unüberwachten Lernen die Anzahl der Klassen, die gefunden werden sollen.

Unter dem Begriff Reinforcement Learning fassen Fachleute Verfahren zusammen, die in der Form direkten Feedbacks lernen - nicht aber durch die Vorgabe von Trainingsbeispielen. Bekannte Anwendungsszenarien für diese Form des Lernens ist das Erlernen von Spielen wie Schach, Go oder verschiedenen Computer-Spielen.

Unabhängig von dem gewählten Verfahren kann ein Modell Zusammenhänge erkennen und neue Erkenntnisse liefern. Aus dieser Fähigkeit entsteht ein breites Spektrum an Einsatzmöglichkeiten:

Frühwarnsysteme im Maschinenbau, bei denen das System lernt, die Mechanismen, die zum Ausfall von Maschinen führen, frühzeitig zu deuten (Predictive Maintenance).

Das teil- oder vollautomatische Erkennen von relevanten Textpassagen in unstrukturierten Dokumenten, beispielsweise beim Prozess der Schadensmeldung in Versicherungen.

Automatische Verfahren zum Entdecken und Vorbeugen von Betrugshandlungen in der Finanz- oder Versicherungsbranche, die sogenannte Fraud Detection.

Selbst als autonomer Kameramann können die Modelle inzwischen genutzt werden. So bietet das Essener Start-up soccerwatch.tv eine Lösung an, die die Kameraführung während eines Fußballspiels übernimmt. Hier wurde erfolgreich ein KI-Modell trainiert, das selbstständig relevante Kamerapositionen und Einstellungen auswählen kann.

Aus der richtigen Kombination entsteht die richtige Lösung

Üblicherweise nutzen komplexe Systeme unterschiedliche Methoden der KI. Der folgende Anwendungsfall aus dem Bankenumfeld zeigt, wie Methoden zusammenspielen.

Die Fondsmanager in Banken verlassen sich bei ihren Anlageentscheidungen auf bankinterne Berater. Diese Experten lesen und bewerten Analysen, beispielsweise über die Entwicklung von Industriebereichen in unterschiedlichen Regionen der Welt. Es ist für einzelne Personen oder Teams aber schier unmöglich, alle relevanten

Informationsquellen im Blick zu behalten und das Wissen über die Zusammenhänge dann auch noch passend abrufen zu können. KI-Verfahren ermöglichen es, Berichte automatisch zu analysieren und die Inhalte dann in Form einer natürlichen Sprachausgabe zur Verfügung zu stellen.

Mithilfe von Methoden des Natural Language Processing werden Texte analysiert und Informationen extrahiert, die maschinell verarbeitet werden können, das heißt: die von Maschinen "verstanden" werden. Denn anders als für die meisten Menschen, stellt ein Text für eine Maschine lediglich eine Menge von Zeichen ohne Bedeutung (Semantik) dar. Die so gewonnenen Informationen werden in ein System eingespeist. Dieses enthält ein komplexes Modell, das Anlageentscheidungen vorschlagen kann.

Die Anfrage für eine Anlageempfehlung können die Finanzexperten in Form von natürlicher Sprache übermitteln: "Gib mir bitte eine Anlageempfehlung mit Schwerpunkt asiatische Märkte der Risikoklasse 'ertragsorientiert'." Das Sprachsignal wird dann mit den gleichen Verfahren in einen Text übersetzt, die Systeme wie Amazon Alexa, Google Home, Apple Siri oder Microsoft Cortana nutzen. Dabei handelt es sich meist um maschinelles Lernen auf Basis von neuronalen Netzen. In dem so erfassten Text erkennt das System dann die Zielsetzung des Fragenden, den sogenannten Intent. Das Wissensrepräsentationssystem erzeugt aus diesem Intent die Anlageempfehlung, die dann vorgelesen wird.

Die Auswirkungen der künstlichen Intelligenz auf die Arbeitswelt

KI ist längst fester – und auch weitgehend akzeptierter – Bestandteil der Lebens- und Arbeitswelt. Viele Systeme sind mit Fehlerquoten von unter fünf Prozent teilweise besser als der Mensch. Das heißt, die Arbeitsprofile und Anforderungen werden sich für die Mitarbeiter nachhaltig verändern. Klassisches Beispiel sind Branchen, in denen verstärkt Maschinen und Roboter zum Einsatz kommen, etwa die Fertigungsindustrie. Heute unverzichtbare Jobs können in ein paar Dekaden eventuell nicht mehr relevant sein. Aktuell etwa besteht ein hoher Bedarf an Data-Scientists und Entwicklern, in einigen Jahren aber schon können eventuell Maschinen die Tätigkeiten besser und schneller erledigen.

Die technische Weiterentwicklung auf der einen Seite und die Beunruhigung der Bevölkerung auf der anderen Seite machen es zwingend erforderlich, gesellschaftspolitische Initiativen zu ergreifen, in deren Rahmen neben den technologischen Möglichkeiten auch bildungspolitische Vorkehrungen und digitalpolitische Strategien entwickelt und umgesetzt werden.

Hinzu kommt ein weiteres Risiko: Wie viele Entscheidungsbefugnisse geben wir der Maschine und KI? Es besteht die Gefahr, schnell in Abhängigkeit zu geraten und nicht mehr nachvollziehen zu können, wie eine Maschine oder ein Algorithmus zu einem Ergebnis gekommen ist. Oft übersehen wird zudem, dass auch Maschinen Vorurteile haben können, basierend auf Informationen aus der Vergangenheit, auf die sie zugreifen.

Vor jedem KI-Einsatz müssen elementare Fragen geklärt werden. Was konkret zu beachten ist, zeigt beispielhaft der Bereich Cybersecurity, in dem KI für die Optimierung der Bedrohungserkennung und die Verhinderung finanzieller oder operativer Schäden durch Cyberkriminalität genutzt wird. Threat Detection und Threat Intelligence lauten hier die Schlagworte. Außerdem gibt es heute schon KI, die ihre

Nachfolger selbst und unabhängig von Menschen entwickelt, wie das Beispiel des AutoML-Projekts von Google zeigt.

Hier entsteht eine nicht mehr zu kontrollierende Dynamik, die in der Tat beunruhigend ist. Umso mehr muss es ein Gebot der Stunde sein, moralische und ethische Rahmenbedingungen zu schaffen.

Wir kommen zu einem erschreckenden Ergebnis. Die Hälfte der befragten Führungskräfte in deutschen und österreichischen Unternehmen zahlen Ransomware-Angreifern lieber ein Lösegeld, statt in die IT-Sicherheit zu investieren. Eine solche Vorgehensweise halten sie für kostengünstiger.

Wie beurteilen Sie die Situation?

Auf diese Weise setzen diese Unternehmen nicht nur ihre IT und ihre Zukunft aufs Spiel, sondern riskieren auch den Diebstahl ihrer Kundendaten. Sie müssten sich eher fragen: Werden die Hacker nach Zahlung des Lösegelds den Datenzugriff wieder freigeben? Können sie ausschließen, dass die Daten von den Angreifern kopiert wurden und demnächst im Internet landen? Können sie sicher sein, dass noch schlafende Ransomware-Viren auf den Rechnern nicht demnächst aktiv geschaltet werden, sodass das ganze Spiel von vorne beginnt?

Und, vor allem, können die Verantwortlichen tatsächlich noch ruhig schlafen, wenn sie davon ausgehen müssen, dass Hacker jederzeit in ihre IT-Infrastruktur einbrechen können? Aber trotz der steigenden Gefahr für ihre kritischen Daten – sei es durch Datenklau oder die Korrumpierung der Infrastruktur – verringern Unternehmen den Anteil ihrer IT-Sicherheitsbudgets sogar. Das ist verkehrte Welt.

Was raten Sie den Unternehmen?

Führungskräfte sollten sich nicht mit der Frage beschäftigen, wie viel Budget sie zusammenstreichen können, sondern überlegen, was die Tragweite eines zu knappen IT-Sicherheitsbudgets ist. Hacker haben mittlerweile auch künstliche Intelligenz entdeckt und nutzen sie für ihre betrügerischen Zwecke. Es gibt längst eine strenge Gesetzgebung (DSGVO) mit empfindlichen Geldbußen. Auch die Kundenwahrnehmung hat sich geändert. Sie räumt dem Unternehmensimage einen immer höheren Stellenwert ein und bewertet Datenverluste sehr kritisch – zumal es eigene Kundendaten sein können.

Die digitale Transformation ist heute ohne Cloud nicht möglich, egal wie groß ein Unternehmen ist. Cloudtechnologien liefern die technologischen Bausteine für hocheffiziente Geschäftsprozesse, deshalb bezieht nahezu jedes Unternehmen Anwendungen, IT-Infrastrukturleistungen und -Sicherheitslösungen aus der Cloud. Die Migration von Teilen einer IT-Landschaft in die Cloud muss jedoch detailliert geplant und die Daten müssen sicher verwahrt werden. Nur dann profitieren Unternehmen von den Vorteilen.

Dazu ist es erforderlich, dass sich Unternehmen mit den cloudspezifischen Risiken und den zur Verfügung stehenden Sicherheitsmaßnahmen befassen. In manchen Firmen gehören die Risikoanalyse und das

Risikomanagement zum Alltag, in vielen Branchen sind sie sogar gesetzlich vorgeschrieben.

Außerdem gilt längst: Die im eigenen Rechenzentrum betriebene IT-Landschaft ist nicht automatisch sicherer als die in einer Cloud. Selbst unternehmenskritische Daten wie Rezepturen, Produktionspläne oder andere Daten, die auf keinen Fall einem Wettbewerber in die Hände fallen dürfen, können heute in die Public Cloud verlagert werden. Allerdings müssen dazu sowohl beim Auftraggeber als auch beim Cloud-Provider entsprechende IT-Sicherheits- und -Schutzmaßnahmen implementiert und fortlaufend überprüft werden.

Schließt ein Unternehmen einen Vertrag mit einem Cloud-Provider, muss es wissen, wo sich die Daten befinden. Vor einer Migration von ausgewählten Teilen ihrer IT-Landschaft müssen Unternehmen sich zudem einen Einblick in die für sie geltenden branchenspezifischen nationalen und internationalen Vorschriften zur Erfassung und Nutzung personenbezogener Daten verschaffen.

Um die Sicherheitsrisiken in der Cloud effizient managen und kontrollieren zu können, ist auch ein leistungsstarkes Rahmenwerk mit Richtlinien, Policies und Prozessen erforderlich. Jedes Unternehmen sollte über einen Incident-Response-Plan verfügen – das gilt natürlich auch für Cloud-Provider, mit denen Unternehmen zusammenarbeiten. In diesem Plan müssen rasche und effektive Reaktionen auf Sicherheitsvorfälle geregelt sein.

Während vor einiger Zeit die Sicherheitsvorbehalte und Risiken in den Cloud-Debatten im Vordergrund standen, hat sich das Bild in der Zwischenzeit jedoch gewandelt. Heute sieht die Mehrheit der Unternehmen in der Cloud eher die damit verbundenen Chancen. Unterstützt durch einen erfahrenen IT-Security-Spezialisten gelten die Sicherheitsanforderungen in der Cloud als beherrschbar.

KI im Gesundheitswesen: mit Datenschutz zum Ziel?

Im Rahmen der Digitalisierung hat die Gesundheitsbranche auch die Vorteile von Künstlicher Intelligenz bereits für sich erkannt – und zwar zu Recht! KI kann unterstützend bei Forschung und Therapie eingesetzt werden, den Klinikalltag erleichtern und auch die Krankenversicherungen bieten bereits ihren Mitgliedern KI-gesteuerte (digitale) Services über

Apps an. KI wird sogar vorausgesagt – und es scheint auch vieles dafür zu sprechen -, sie werde die Medizin revolutionieren. Dass trotz aller Vorteile und guter Prognosen noch viele Führungskräfte im Gesundheitsbereich zögern KI-gesteuerte Systeme einzusetzen, liegt auch an den Herausforderungen, die diese mit sich bringen. Neben den ethischen gibt es auch große datenschutzrechtliche Bedenken.

Sowohl bei der Generierung als auch bei der Implementierung von KI fallen große Mengen an personenbezogenen Daten an, deren Verarbeitung sich nach der Datenschutz-Grundverordnung (DSGVO) und dem Bundesdatenschutzgesetz (BDSG) richtet. Die Umsetzung dieser gesetzlichen Regularien wird bei der Anwendung künstlicher Intelligenz dadurch erschwert, dass an automatisierte Datenverarbeitungen erhöhte Anforderungen gestellt werden. Doch bei der Anwendung von Künstlicher Intelligenz in der Gesundheitsbranche kommt es nicht nur zu den KI-spezifischen datenschutzrechtlichen Herausforderungen, sondern das Gesundheitswesen an sich unterliegt bereits besonderen datenschutzrechtlichen Anforderungen. Daher gilt es hier besondere Lösungen für besondere Herausforderungen zu finden – was auch gelingt!

Der Anwendungsbereich von KI im Gesundheitswesen

Der Anwendungsbereich von KI im Gesundheitswesen lässt sich kurz zusammenfassen: überall! Natürlich ist es ethisch fragwürdig, den Menschen in komplexen Entscheidungen, die das körperliche und seelische Wohlbefinden betreffen, außen vor zu lassen, damit stattdessen Algorithmen die Arbeit komplett übernehmen. Aber diese Sichtweise auf KI entspricht auch nicht der Realität! Sie kann und wird hauptsächlich nur unterstützend eingesetzt. Die Letztentscheidungen über medizinische Fragen können immer noch Menschen (wie z.B. Ärzte) treffen.

So ist es z.B. möglich, dank Deep Learning dem Arzt bei der Analyse von Röntgenbildern zu helfen. Auch der Tumorforschung kann KI bereits heute zu Fortschritt verhelfen, indem neuronale Netze komplexe

Tumorstrukturen erkennen können. Seit neuestem können Programme anhand der Sprache eines Menschen Depressionen erkennen und schon seit geraumer Zeit helfen Roboter mit Kameras und Bildschirmen ausgestattet bei Operationen oder können Pflegekräften Arbeit abnehmen.

Neben ethischen Gesichtspunkten stehen auch oft die hohen finanziellen Investitionen im Raum, die Krankenhausleitungen davon abhalten in neue Techniken zu investieren. Allerdings zeigt eine neue Studie, dass durch KI Kosten eingespart werden können. So können beispielsweise in dem für das Gesundheitswesen teuren Bereich der Brustkrebsvorsorge Diagnosen durch KI schneller getroffen werden als bisher, was zu einer enormen Kostenersparnis führt. Dieses Beispiel lässt sich auch auf andere kostspielige Bereiche übertragen.

KI kann nicht nur bei der Behandlung und Diagnose helfen. Die Mitarbeiter von Krankenhäusern leiden heutzutage vor allem unter einem immer höheren Verwaltungsaufwand, der ihnen kostbare Arbeitszeit für die Patientenversorgung wegnimmt. Routineabläufe können an KI-gesteuerte Software abgegeben werden. Hier können Programme aushelfen, die Arbeitspläne erstellen oder andere organisatorische Aufgaben erfüllen. Ebenso können Krankenakten digital angelegt und von einer Software auf Hinweise untersucht werden, welche auf Erkankungen hinweist. Sprachassistenten in Krankenzimmern können Patienten im Krankenhausalltag helfen, wie z.B. die Rollläden herunterfahren lassen, und dadurch wiederum dem Pflegepersonal Arbeit abnehmen.

Die Kernfrage: Die Vereinbarkeit von KI und Datenschutz im Gesundheitswesen

Wie bereits ausgeführt ist KI nur mit Hilfe von Big Data möglich – und darunter fallen auch personenbezogene Daten. Auf Basis der gesetzlichen Regularien, zu denen nicht nur DSGVO und BDSG, sondern auch die Landesdatenschutzgesetze, Landeskrankenhausgesetze,

Sozialgesetzbücher und das Gendiagnostikgesetz fallen können, ergeben sich die nachfolgenden Lösungsansätze, wie Datenschutz im Gesundheitswesen und KI in Einklang gebracht werden können.

Insbesondere schreibt die DSGVO vor, dass technische und organisatorische Maßnahmen ergriffen werden müssen, um die datenschutzrechtlichen Vorgaben umzusetzen und Datensicherheit zu gewährleisten. Ihre Rechtsberater können mit Ihnen diese Maßnahmen entwickeln und sie in eine geeignete innovations- und KI-freundliche Datenstrategie einbinden, die die folgenden Kernpunkte umfassen wird.

Künstliche Intelligenz und Gesundheitsdaten: die passende Rechtsgrundlage finden!

DSGVO und BDSG regeln die ganz oder teilweise automatisierte Verarbeitung personenbezogener Daten. Der Begriff des „Verarbeitens" ist sehr weit. Darunter fallen u.a. das Erheben, Erfassen, Ordnen und Speichern von personenbezogenen Daten. Die Verarbeitung personenbezogener Daten ist dann erlaubt, wenn es auf Basis einer Rechtsgrundlage geschieht, wie z.B. wenn eine Einwilligung dazu eingeholt wurde oder wenn ein anderes Gesetz es erlaubt (Rechtmäßigkeitsprinzip).

Besondere Vorschriften für das Gesundheitswesen sind jedoch auch in der DSGVO selbst angelegt. Wird im Gesundheitsbereich KI angewandt, werden in vielen Fällen logischerweise Gesundheitsdaten benötigt. Insbesondere bei der Entwicklung von KI muss diese mit enormen Datenmengen gefüttert werden, damit sie im Rahmen des Deep Learnings traniert werden kann. Die „normalen" Regelungen zur Verarbeitung personenbezogener Daten gelten für Gesundheitsdaten nur bedingt, da sie aufgrund ihrer besonderen Schutzwürdigkeit unter eine besondere Kategorie personenbezogener Daten fallen. Konsequenz ist, dass an ihre Verarbeitung strengere Anforderungen gestellt werden.

Gesundheitsdaten sind als personenbezogene Daten zu verstehen, die sich auf die körperliche oder geistige Gesundheit einer Person (eines Patienten) beziehen, einschließlich der Erbringung von Gesundheitsdienstleistungen, und aus denen Informationen über deren Gesundheitszustand hervorgehen.

Hinzu kommt, dass im Rahmen von KI teilweise automatisierte Entscheidungsfindungen zur Anwendung kommen, d.h. eine Person wird einer Entscheidung unterworfen, die ausschließlich auf einer automatisierten Datenverarbeitung beruht. Dies könnte z.B. bei einer App der Fall sein, die den Gesundheitszustand misst und bei Erreichen von bestimmten Werten sich automatisch der Versicherungstarif anpasst. Solche sich rechtlich oder nachteilig auswirkende Entscheidungen werden in Art. 22 DSGVO noch gesonderten Anforderungen unterworfen. In Kombination mit den ohnehin schon als besonders schützenswert angesehenen Gesundheitsdaten ergibt sich bei KI im Gesundheitswesen dadurch eine sensible Kombination. Bei der Verarbeitung von Gesundheitsdaten im Rahmen automatisierter Entscheidungen ist daher vorgeschrieben, dass dies nur auf Grundlage einer ausdrücklichen Einwilligung oder aufgrund einer Rechtsvorschrift aus Gründen eines erheblichen öffentlichen Interesses zulässig ist. In der Praxis wird jedoch nur die Einwilligung relevant sein.

Es empfiehlt sich daher aufgrund der Kombination aus KI und Gesundheitsdatenverarbeitung immer, über ein Anonymisierungskonzept nachzudenken. Darin kann festgelegt werden, ob und welche Daten ggf. nur anonym erhoben und verwendet werden. Auf anonyme Daten finden DSGVO und BDSG keine Anwendung mit der Folge, dass die Daten ohne Einschränkung der soeben genannten Voraussetzungen verarbeitet werden können, was eine erhebliche Erleichterung insbesondere bei der Generierung der KI darstellt, wenn anonyme Trainingsdaten benutzt werden. Anonyme Daten liegen vor, wenn die Informationen die Identifizierung einer Person für jeden unmöglich macht. Die Verwendung anonymer Daten kann im Gesundheitsbereich oft schwierig sein, insbesondere in Anbetracht der Verwendung von Daten aus der Krankenhistorie, da sie sehr individuell sind. In anderen Bereichen ist die Verwendung anonymer Daten jedoch durchaus denkbar.

KI und Betroffenenrechte: Pseudonymisierung nutzen!

In einer innovations- und KI-freundlichen Datenstrategie können des Weiteren Lösungswege und Anleitungen für den Umgang mit den Betroffenenrechten aus DSGVO und BDSG entwickelt werden. Diese können KI-Anwender, wenn sie personenbezogene Daten bzw. Gesundheitsdaten verwenden, vor einen erheblichen Arbeitsaufwand stellen, wenn sie kein ordentliches und sinnvolles Konzept entwickelt haben. Die Pseudonymisierung von Daten als technische Maßnahme sollte hier unbedingt in Betracht gezogen werden!

Gelingt KI-Unternehmen eine Pseudonymisierung der Daten, hat das den Vorteil, dass die Betroffenenanfragen komplett wegfallen können und folglich auch die damit immer verbundenen hohen Kosten und der Arbeitsaufwand. Pseudonyme Daten sind Informationen, die nur bei Zugriff auf gesondert aufbewahrte und geschützte Informationen einer Person zugeordnet werden können. Gem. Art. 11 Abs. 2 DSGVO stehen Betroffenen ihre Rechte nicht mehr zur Verfügung, wenn es für den Verantwortlichen nicht möglich ist, die Betroffenen zu identifizieren. Das kann bei bei pseudonymisierten Daten der Fall sein, wenn dem Verantwortlichen der Zugriff auf die gesondert gelagerten Informationen fehlt, z.B. wenn die betroffene Person selbst über diese Informationen verfügt.

Zum einen gibt es umfangreiche Transparenz- und Informationspflichten des Patienten, die der Datenverarbeitende zu beachten hat. Der Patient ist darüber zu informieren, wenn seine Daten verarbeitet werden. Außerdem steht ihm eine Auskunft über alle ihn betreffenden personenbezogenen Daten zu, die ihm unverzüglich, in schriftlicher, elektronischer oder mündlicher Form erteilt werden muss. Dasselbe gilt in Bezug auf die Rechte auf Berichtigung, Löschung und Einschränkung der Verarbeitung von Daten.

Das stellt insbesondere KI-Anwender vor Herausforderungen, da Betroffenen von automatisierten Entscheidungen zusätzliche besondere Rechte zugestanden werden. So hat ein Betroffener auch das Recht auf Auskunft und Information über die involvierte Logik sowie die Tragweite und die angestrebten Auswirkungen einer automatisierten Verarbeitung für die betroffene Person.

Außerdem gehen mit den genannten Rechten Dokumentations- und Aufbewahrungspflichten über die Datenverarbeitungsprozesse einher (Accountability bzw. Rechenschaftspflicht). Das ist bei automatisierten Prozessen komplizierter, da sie schwerer nachzuvollziehen und nachzuweisen sind. Insbesondere können KI-Anwender im Rahmen des Deep Learnings oft selbst gar nicht einschätzen, wie sich ihr System weiterentwickelt, da es sich um Modelle handelt, die sich selbst verändern und anpassen (Stichwort: Blackbox). Das bedeutet für KI konkret, dass wenn künstlich intelligente Systeme menschliche Entscheidungen ersetzen, die Entscheidungsfindung genau wie beim Menschen auch erklärbar sein muss.

Datenschutz-Folgenabschätzung: VVT´s nutzen!
Eine weitere Privilegierung pseudonymisierter Daten ergibt sich im Rahmen der Datenschutz-Folgenabschätzung. Darunter ist eine vom Verantwortlichen vorzunehmende Risikoanalyse- und bewertung der Datenverarbeitung zu verstehen. Sie muss nicht immer durchgeführt werden, aber sie ist insbesondere bei automatisierten Datenverarbeitungsvorgängen als auch bei der Verarbeitung von Gesundheitsdaten vorgeschrieben. KI-Anwender im Gesundheitswesen werden daher nicht um sie herumkommen.

Sind die Daten jedoch pseudonymisiert, kann das einzuschätzende Risiko der Datenverarbeitung gleich geringer sein als sonst, was den Verantwortlichen privilegiert. Wichtig ist hierbei allerdings, dass die Pseudonymisierung vor der Datenverarbeitung, also noch im Rahmen der Generierung der KI, durchgeführt werden muss.

Außerdem muss sowohl bei der Verarbeitung von Gesundheitsdaten als auch bei der automatisierten Verarbeitung zwingend ein Verzeichnis von Verarbeitungstätigkeiten (VVT) geführt werden, was wiederum die Durchführung der Datenschutz-Folgenabschätzung erleichtert. Darin werden nämlich viele für die Datenschutz-Folgenabschätzung relevanten Angaben aufgeführt, die dann dafür genutzt werden können. Aus demselben Grund dient ein VVT auch der Erfüllung der Rechenschaftspflicht.

Es empfiehlt sich also bei der Erstellung eines VVTs andere zu erfüllende Pflichten im Hinterkopf zu haben. Außerdem sollte die Datenschutz-Folgenabschätzung nicht als lästige Pflicht, sondern als Chance betrachtet werden, um einen guten Überblick über die Datenverarbeitung zu erhalten. Des Weiteren sollte beim Aufstellen einer Datenschutzstrategie beachtet werden, dass die Datenschutz-Folgenabschätzung nicht ein einmaliges Geschehnis, sondern einen ständigen Prozess darstellt.

Fazit: KI im Gesundheitswesen – mit Datenschutz zum Ziel!

Im Rahmen des Datenschutzrechts gibt es viele Möglichkeiten, wie KI und Gesundheitswesen in Einklang gebracht werden können, ohne dass es zu Behinderungen im technischen und medizinischen Fortschritt kommt. Zwar stellen schon KI und Gesundheitsdaten für sich genommen eine datenschutzrechtliche Herausforderung dar, sodass es die Kombination nicht leichter macht.

Allerdings kann eine gute Datenschutzstrategie, die geeignete technische und organisatorische Maßnahmen wie Anonymisierung und Pseudonymisierung enthält, die Datenverarbeitung auch hier möglich machen. KI im Gesundheitswesen ist wirtschaftlich und medizinisch erstrebenswert- und datenschutzrechtlich auch machbar!

www.ingramcontent.com/pod-product-compliance
Lightning Source LLC
LaVergne TN
LVHW041222050326
832903LV00021B/745